보탕

이 도서의 국립중앙도서관 출판시도서목록(CIP)은 e-CIP 홈페이지
(http://www.nl.go.kr/cip.php)에서 이용하실 수 있습니다.
(CIP 제어번호 : CIP2012004165)

화남의 시집 038
보 탕

2012년 9월 17일 초판 1쇄 찍음
2012년 9월 21일 초판 1쇄 펴냄

지은이 | 방남수
펴낸이 | 방남수
편집주간 | 이승철
편집 · 디자인 | 권영임 오경은 현정 백서윤

등록 | 제2-1831호(1994. 9. 26.)
주소 | (110-320) 서울 종로구 낙원동 58-1 종로오피스텔 513호
전화 | (02)3142-4787 팩스 | (02)3142-4784
전자우편 | hwanambang@hanmail.net

ISBN 978-89-6203-095-2 03810

값 9,000원

보탕

방남수 시집

화남의 시집 038

화남

■ 시인의 말

"길은 사람이 존재하는 한 언제나 있고, 그러므로 그 길은 영원하다"라는 청담선사靑潭禪師의 말씀이 있습니다.

나는 유년시절 매일 도랑을 누비면서 길의 존재를 보았습니다.

길! 나는 길을 좋아합니다. 그 길을 떠나며 나는 열심히 살아보리라 다짐하곤 했습니다. 지천명을 훌쩍 넘기고 보니 유년시절 다짐했던 나와의 약속이 잘 지켜졌는지 모르겠습니다.

문학을 접한 지 오랜 시간이 흘렀습니다. 시집을 내려고 하니 새삼 걸어온 길에 충실했는지 의구심이 나는 까닭은 무엇일까요? 이 땅에 수많은 시인들의 노래가 불리어 지는데 과연 나의 졸작이 그 아름다운 노래에 견주어 불리어질 수 있을지 걱정입니다. 詩 때문에 가슴앓이 하던 시절을 뒤로한 채 이제 그 많은 모순 덩어리를 하나씩 풀어보고자 합니다.

강원도 두메산골에서 태어나 성장한 어린 시절, 집 떠나 승속僧俗을 넘나들며 살던 山寺와 도회지 시절, 세속의 삶을 살고 있는 오늘까지의 이야기를 두서없이 담았습니다.

제가 사랑하는 모든 사람들에게 이 詩가 혹서기酷暑期에는 서늘한 바람이, 혹한기酷寒期에는 따뜻한 햇볕이 되어 조금이나마 위무가 된다면 더 이상 바랄 것이 없겠습니다.

2012년 초가을에

方南秀 두 손 모음

【차 례】

제1부 숲 속의 만찬

제2부 쌍계사에서

제3부 여적餘滴

제4부 곡속

제5부 보탕

제1부 숲 속의 만찬

고드름

한겨울 추위 속에서만

이빨 세우는 놈들

어둠 속에서 으르렁대는 놈들

아침 햇살 떠오르면

자취도 없이 사라지는 놈들

저 혼자 허공을 찌른다

오징어

동해바다 오징어 배 출렁출렁

즐겁게 춤추는 어부들

화려한 불꽃 선단船團에 올라

물총을 쏘며 파도를 탄다

아! 불빛에 눈 먼 오징어여!

수족관 속에 갇힌 신세여!

욕망의 그물에 갇혀

수인이 된 너여, 나여

시장에서

상인들의 혀끝이 활활 타고 있다

제각각 자기 몫의 삶을 흥정한다

숨 가쁜 줄다리기로 흥정을 끝내고

머리를 들면

이마 위 주름살에 스며드는 황혼

충무로 골뱅이 집

남산자락 텅 빈 나뭇가지 사이로
다 식은 국물처럼 흐려 빠진 하늘
극동빌딩 골목길 우산도 없이 지날 때
육중한 윤전기 소리 달다

충무로에 소문난 골뱅이 집들 많지
순한 연체 고둥과 코를 찌르는 독한
대파가 만나 어우러진 맛의 기막힌 궁합

네가 있어 가난한 살림에도
나 오늘 하루쯤 영화롭고 즐겁구나

아내와 크게 다툰 날이면
절로 떠오르는 집
영락永樂이여, 얼얼 매콤한 사랑이여

근조화

말이 없다 그냥 우두커니 화려하게 차려입고 흑백 리본을 길게 늘어뜨리고 군 의장대 도열하듯 슬픔도 기쁨도 모른 채 서 있다 단 며칠의 삶을 위해 몇 번의 근무지 이동이나 혹은 말뚝근무는 일상 그런 그에겐 의무가 된지 오래다 죽은 자와 산 자의 사이에서 서로를 위무하고 슬픔을 같이하고 용서하고 배려하는 일 죽음 앞에서 관대해지는 사람의 마음을 물끄러미 관조하는 일

숲 속의 만찬

적막의 산길 오른다
이른 아침
칼바위 능선 중턱에서 소리를 듣는다
스르르 삭 스르르 삭

이슬비 내리는 소리 같은
풀벌레들의 식사 소리
위대한 화음을 이루고 있다
스르르 삭 스르르 삭
스르르 삭 스르르 삭

계곡물 위 벌레똥 떨어지는 소리
하늘이 크게 열린다
청솔가지 다람쥐 화들짝 놀라 달음친다
유월 푸른 숲 속 만찬은
그렇게 진행되고 있었다
스르르 삭 스르르 삭

맛의 경계

맛에는 경계가 있다
단맛
쓴맛
신맛
매운맛
떫은맛
짠맛
고소한 맛
비린 맛
상큼한 맛
감칠맛
담백한 맛 등등이 있고
희석식 소주 같은 무맛도 있다
무맛은 경계가 없어 한없이 넓다

이끼

소낙비 그친 뒤
부활하는 생명
삼각산 부왕동 암문 8부 능선
검푸른 이끼가
거대한 굴참나무, 소나무, 박달나무,
자작나무, 산벚나무 등속을 감싸고
자기의 세상을 만들어
삼일천하를 만끽하고 있다
태양열 내리쬐는 여름날
흔적도 없다가
비만 오면 숲 속의 제왕이 된 듯
갑옷으로 무장하고
당당히 뽐내는 자태
어찌 숙연하지 않을 수 없으랴

Football

그는
어디로 튈지 모른다
함성 맞춰
파도를 타면서 날아간다
직선으로
수직으로
사선으로
곡선으로

현대판 검투사들인
축구 용병들이
세렝게티 사자들처럼 달린다
로마 시민으로 돌아간
군중들의 함성과 야유
역사는 변하지 않는다

BaseBall

윤회의 수레바퀴다
출발은 누구나 평등하다
사천왕 만나 통과의례를 거쳐야 한다
힘겹게 1, 2, 3차 관문을 통과해야 하는가 하면
단박에 관문을 통과하기도 한다

한 아름 꽃다발
수많은 환호
태양이 이글거리는 하늘 아래
전광판의 찬란한 불빛 아래
광신도들의 함성을 받으며 돌고 돈다

웃는 자와 우는 자 고개를 높이든 자와 숙인 자
사각의 다이아몬드 본루에서 출발해서 본루로 돌아오는
윤회의 수레바퀴여

108번의 바느질로 가죽 두 쪽을 이어
번뇌를 날리고자 허공을 난다

백구白球의 형상도 각양각색
생사를 결정짓는 백구여!

간

강남서초 가는 길
3호선 3714 전동차 안
어제 마신 술로
부글부글 속이 끓고
머리는 지끈대는데
광고판 모니터 속에서 흘러나오는
차두리 선수가 부르는 시엠송
간 때문이야 간 때문이야
가슴에 압정처럼 꽂혀오는데
누가 그걸 모르나
술 푸게 하는 사회를 난들 어쩌나
오늘도 나는 술 마시러 간다

냉장고

윙 윙
냉장고 숨 쉬는 소리 잠을 깨운다
냉동실 속엔 국적불명의 육류와 생선들
한때 그들도 직립이거나
날갯짓 지느러미 활짝 펴고
물살 가르는 날 있었지

그들은 펄펄 끓는 용광로 혹은 철판 위에
내팽개쳐 죽어서도 또 죽임을 당하는
아수라의 화탕지옥을 겪어야 한다

윙 윙
냉장실 불 밝힌다
국적불명의 과일과 야채들
낙하를 위한 준비를 하고 있다
한때는 그들 또한
산과 들을 푸르게 달리며
하염없이 춤추는 날 있었지

죽어서도 영하의 날씨 속에
순서를 기다려야 하고
벙어리 냉가슴앓이
육중한 이방인의 울음소리에
떨면서 울고만 있어야 한다

어깨론

그의 어깨는 많은 과거를 담고 있다
책보를 메고 책가방을 메고 지게를 메고 풀을 메고
따블백을 메고 배낭을 메고 서류 가방을 메고
어깨 위 수많은 물건 메고 오는 동안
홈이 패고 뼈가 솟아올랐다
평형을 잃고 왼쪽보다는 오른쪽 어깨가 더 많이
기울고 쳐져 있다
누군가의 어깨를 주물러 준다는 것은
그가 감내해온 생활의
경직을 풀어준다는 것,
여기 무거운 이력을 지닌 한 권의 두꺼운 책이
가파른 시간의 언덕을 숨차게 오르고 있다

제2부 쌍계사에서

쌍계사에서

분분히 벚꽃 날려
허허롭던 1980년 어느 봄날
빈 몸으로 너를 찾아

채우리라, 채우리라
두 손 모아도
채워지지 않던 허기

벚꽃 다 지도록
바닥에 이마 조아리고도
아무것도 얻지 못한 채 돌아서 나왔지

엉겅퀴처럼 질긴 이십 년 넘어
사연 많은 화계장터 지나
오늘 나는 너를 다시 만났지

높고 외롭고 쓸쓸한
백석의 시구처럼 홀로 떠나온 이곳에

여름날 무성하게 피어오른 잎처럼

짧고 짧은 하룻밤을
섬진강가 어느 여인을 찾아
그 사내, 생각 없는 음식을 시켜놓고
흐르는 물만 종일토록
바라보고 있었지

산속 절

경내 자욱한 독경소리에
불두화 수줍게 피어난다

낮 동안 그늘을 쓸던
바람마저 시나브로 잦아들고

잘 익은 적막
산속 절을 감싸는 저녁

약수터 오르는 군상들
한 움큼 물로 번뇌를 씻는다

안개에 묻혀

물비늘이 어울려
차창에 매달리면
이슬이 되고

이슬이 녹아 사라지면
안개로 다시 살아나고

조각조각 일상들 모여
고개 드는 우리네 죽음

죽음으로 내린 막
환생으로 막 올리니

짧아도 짧지 않고
길어도 길지 않은 얼굴

이슬은 이슬로 남기 위해
안개에 묻혀 떨고 있는가

윤회

떠나세 그러나 그것은 떠남이 아니네 달리면 서야 하는 이 순리 누릴 것 다 누리고 온갖 것들 손아귀에 꽉, 움켜쥐고도 불안한 중생들 봄바람으로 겨울잠에서 깨어나고 떡잎 나부끼는 여름에도 볼 부비며 살았지 우리는 매순간 떠나려 서두르지만 떠나도 떠나지 못 한다네 다시 오기 위해 잠시 자리 비울 뿐이라네

양파

유황색 삶으로 도금해놓은
죽음을 짊어지고
악몽처럼 가는 길에
꽃이 지면 휘날리는 것들이 있다

시간이 지나는 길목마다
돋아나는 무덤은
살아가는 것들의 증언이다

양파껍질 벗기듯 하나씩 벗겨가는
애달픈 도금

아버지는 아들에게 죽음을 주었고,
죽음은 진정 고뇌의 집으로 향하는가

이승의 강을 건너는 꼬리에
흔들리며 가는 울음,
낙화를 위한 준비

봄 향기

범종소리처럼 은은하게
동심원 그리며 번져가는 것이 있다

동그라미 속으로
스스로 들어가 갇히는

한 마리 두 마리
열 마리 스무 마리

벌과 나비들
봄 향기에 춤을 춘다

진달래

나 보기가 역겨워 가시는 님께
있는 악담 없는 악담 퍼부었지요
삼각산 진달래꽃 마구 꺾어 던졌지요
가시는 걸음걸음 놓인 그 꽃을
마구 밟아 짓이겨 주시옵소서
나 보기가 역겨워 가실 때에는
겉치레 인살랑 하지 마세요
그대 떠난 뒷자리 진달래꽃 빚은 술로
내 남은 생 함부로 쓰며 살렵니다

붉은 봄

어느 봄날
산등성이에 불이 붙었다
미친 듯 산 정상을 향해
돌진했다

대포도 쏘고
소총도 쏘면서
정상을 탈환하자

산중턱에 산사 합창단
붉은 무리를 보고
환호성이다

대범종소리 목탁소리 목어소리 운판소리 종성소리
부전승 염불소리 처마끝 풍경소리
다 화음을 이루었다

승리의 꽃불 밝히며
타오르는 봄의 향연이여

봄날 같은 그대

당신은 누구십니까
잊지 않고 춘삼월에
찾아오시는 당신

꽃망울 터뜨리며
아지랑이 사이사이로
성큼성큼 다가오는 당신의 체취
나는 정신을 잃을 지경입니다

지나는 다람쥐 발에도 스치고
산을 찾는 사람들 숨결에도 오시는

한라산 지리산 속리산 지나
여기 삼각산까지 오시는
부처여

나비

어디서 와서
어디로 가는가

산 너머 동네에는
무슨 꽃이 피었던가

넘어오는 능선에 서 계신
마애불은 무어라 하시던가

그 앞에 절하는 이는 누구던가
계곡에는 샘물이 흐르던가

물어도 아랑곳 하지 않고
하늘하늘 땅에 실루엣만 남기며

능선을 넘어가는
객승이여

제3부 여적餘滴

달

처마 끝 매달린

또 하나의 정적

외로운 달 떨어지는 소리

부처가 돌아서서 우는 소리

삼각산사

사천왕은 위엄을 잃지 않았다
북쪽으로 눈길 돌려 원명, 일암당 부도 앞 지날 때
순호 대종사 기침소리 들린다

"길은 사람이 존재하는 한 언제나 있고,
그러므로 그 길은 영원하다. 인간의 깨달음 역시
마찬가지다 그 길은 더 많은 것을 나에게
바라고 또 주겠노라 약속하고 있다."

극락 바위에 올라
서울의 전경을 내려다본다

섬나라서 건너온 지장보살이시여
예수재豫修齋 때 닦은 공덕
잊지 마시라
다시 올라
대범종 소리에
나를 실어 보낸다

경내에 들어
대웅전을 지나
계단을 오른다
먼먼 그리움 따윈 바람 만난 검불처럼 사소하여라
천년 마애석불 앞에서
합장 올릴 때
문득, 내 중년의 화엄세계
이만큼 가까워 온다

합장

귀의의 문을 연다

서쪽 탑으로 넘치는 햇살

마음의 문 열고

촛불 밝혀

향 사르면

비로소 번지는 염화미소

당신 몸속에 부처가 있다

풍경 하나

법당 처마 끝 풍경 하나
저 홀로 외로이 떨고 있다

적막이 눈을 뜬다

천년 이끼 낀 탑신 위에
좌정한 달님 한 분

자리 털고 일어나
산길 오르다

풍경 소리에
허허, 웃는다

순간

싸움은 이미 끝났다

하심下心*만이 찾을 수 있는 자유

어제의 의미들이
제물되어 나뒹구는 시간

영원한 승자도 패자도 없다
본질은 현상을 앞질러 간다

생명의 뿌리 내리고
진실의 잎 키울 때
원시림 속으로 흐르던 물
큰 바다로 가 출렁이는 날까지
끝 간 데 없는 삶의 의미

싸움은 시작하면서
끝이 났다

*하심下心: 자신을 낮추고 남을 높이는 마음.

찰나

법난이 지나고 삼십 년이 흘렀다 가누기 힘든 육신 이끌고 가는 혜성스님 세상에 흩어진 언어들 모여 한꺼번에 쏟아진다 막힌 둑이 터지고 갇힌 언어의 물고기들 상한 지느러미 흔들며 한순간에 사라져간다 혜성스님 하신 말씀 다 업보다 그 말씀 정수리에 와 박힌다 지나온 삼십 년이 찰나인 것처럼 다가올 삼십 년도 찰나일 것이다

디딤돌

하! 하!
객실 문 앞 디딤돌
두룩 두루룩 소리를 낸다

도량석 끝나고
예불 끝나고
참선 시간
울력 시간이 가고
공양을 한다

분주히 오고가는
객승과 대중의
시간 사이로

디딤돌
두룩 두루룩 소리를 낸다

아침마다
부처를 여는 디딤돌

그림자

오늘 산다는 것은 그 꽃 한 송이를
또다시 피운다는 것이더냐

나 홀로 적막강산에 널 보듬어도
끝내 꺾어 팽개칠 수 없어
넌 그늘 아래 어화둥둥 상사화로
또 속절없이 피어날 테지,
시들어 사그라지지 않는 천추

던적스런 내 삶의 끄트머리에서
감당 못할 공허의 무게가
함박눈 쌓이듯 내려앉을 때

나는 또 다른 비명에 젖어
창밖 세상을 향하여 빗금처럼 그어지며
닫힌 문을 따듯 가만히 일어설 테다

문득 남은 삶을 소멸시키려는

소신공양의 아픈 기억들
번득이는 윤회의 길목에 선
그의 뒷모습 몹시 아련하다

청자

빈곤한 삶도
푸른 하늘이 있다

넉넉한
할아버지부터
손자에 이르기까지

푸른 하늘 벗 삼아
천년 시간

한결같이
한곳으로

새가 되어
짐승 되어

내 앞에 우뚝
서 있는 청자여!

낙엽

지천명 고갯마루
가을을 밟으며 산길 오른다

인연 줄은 끊기어도
생명의 근원은 소멸되지 않고
마음속 깊이 연꽃으로 피어난다

낙엽은 다시
나무의 뿌리로 돌아가
내년 봄 나뭇가지 잎으로 살아올 건가

완전한 소멸은 없는 것,

존재는 형식을 바꿔
되살아 길을 걷는다

지천명 고갯마루
가을을 밟으며 산길 내려온다

합죽선合竹扇

기축년
하안거 어느 날
덕숭산 정혜사 능인선원

경허선사 할喝 만공선사 방棒
청담 성철 큰스님들 사자후로
근대선풍 발원지

용맹정진 중이신 방장方丈 설정雪靖스님과
지하智霞 스님을 친견했다
두 분께서 합죽선合竹扇을 건네주며
미소 지그시 지으며 포행을 하신다

그해 덕숭산 구름도 먹물색 한껏 뽐내며
합죽선과 함께
능인선원 내려보며 하안거를 하고 있었다

여적餘滴

해 저문 능선에 홀로 올라
풀벌레 울음소리 듣는다
울음이 밥풀 되어
몸에 끈적끈적 달라붙는다
평행선을 긋는
욕망과 해탈의 이중주
연꽃은 언제쯤 피어날 텐가

대웅전

대웅전에
오른다

향 사르고
촛불 밝히고
삼배를 한다

욕망도
탐욕도
번뇌도
떨쳐 버리고

대웅전을
내려온다

청담대종사青潭大宗師

칠십 년 한평생
우이골에 이르러
시대의 범부 중생들을 향해
다음과 같이 설파하셨다
입차문래 막존지해 入此門來 莫存知解
자비무적 방생도량 慈悲無敵 放生道場
천지동근 만물일체 天地同根 萬物一切
만고광명 신념무적 萬古光明 信念無敵과
육신肉身은 멸滅해도 법신法身인 진리의
영원함을 보여 주셨고
기도祈禱와 참선參禪으로 번뇌煩惱 망상妄想 멸滅하셨다

마음을 밝혀주는 청청등淸淨燈
삶을 이끌어주는 광명등光明燈
청담대종사青潭大宗師
고난苦難과 인욕忍辱
진정한 참회법懺悔法과 마음공부를
석불전石佛殿 참회도량懺悔道場에서
우리에게 일깨워 주셨다

삼각산三角山 우이동牛耳洞 계곡 흐르는
물과 소리도 허비함 없이
쌀 한 톨도 물살에 떠나보낼세라
염려하셨던 공양주供養主이셨다

선사禪師님의 걸망에는 늘 꽃삽이 있었고
산비탈을 오르는 눈길과 빙판길에서
꽃삽은 불목하니가 된 선사의 손에 의해
일삽이 되어 있었다

방방곡곡 때와 장소
108참회 법당이 따로 없네
팔만사천八萬四千 금구옥언金口玉言
씨줄과 날줄로 꿰어
동서남북 가림없이
걸어주고 건네주며

참되게 사는 법을

일러주고 쥐어주며
불佛 · 보살菩薩 화신化身으로
제도중생 서원하여
가까이 더 가까이
오늘도 함께 하시는
무량한 자비광명慈悲光明

찬호여
순호여
올연이여
불멸不滅의 나침반이여
조계曹溪의 거두巨頭시여
아! 青潭大宗師

*李青潭(1902~1971) 경남 진주 출생 조계종 2대종정과 총무원장, 장로원장을 지냄. 본명은 찬호, 법명은 순호, 수좌 때 이름 올연, 법호는 청담이다.

혜성慧惺 *

새벽녘
내 몸에 뜬 별 하나

법난에 맞서다
불의에 맞서다
식물인간이 된 스님

몸은 무너져도
마음은 청솔처럼 꼿꼿했던
직립의 생이시여

이제, 내 몸에
영원히 지지 않는 별로 떠

내 갈 길
아프게 밝히고 있다.

* 청담선사의 상좌로 본명은 이근배, 법명은 혜성, 법호는 진불장이다.

108산사와 선묵혜자禪默慧慈 *

신묘년 어느 날 나는 보았노라
108산사 찾아 108배하며
그 장엄한 구법순례求法巡禮 길을

네팔 룸비니동산에서 보았고
설악산 신흥사에서도 보았다
부처가 계신 곳이면 언제나 나투어
감동과 환희심을 주는 108산사여
비가 오나 눈이 오나
춘하추동 변함없이 오직 한 길
그대는
화엄, 원융, 보현행普賢行이 아니고 무엇이더냐
108산사 그대 앞에
칠색 광명 있으라

정 회장 소떼 몰고 방북하듯이
선묵혜자스님
108산사 순례단 108대 버스타고

38선을 넘고 판문점을 지나
오천 불자 용맹정진 기도로
금강산 신계사 대웅전 처마에 풍경 달고
묘향산 보현사 평화의 순례길에
108염주 만들어 108번뇌 소멸하고
통일 노래 부르며 길 떠나시라
불퇴전의 용맹정진으로 원만회향 하시라

*청담선사의 상좌로 본명은 안봉수, 법명은 혜자, 법호는 선묵이다. 6년 전부터 108산사 기도회를 설립 불교의 새로운 신행문화를 만들고 국민적 호응으로 큰 반향을 일으키고 있다.

백미선사

도선사에 선사禪師가 있다
눈썹이 하얗게 쉬었다 하여
백미白眉 선사라 불린 스님이 있다
독성각에서 좌선하던 산신령 같은 모습
석암 율사에게 계를 수지할 때
옆에서 지그시 지켜보던
그 백미선사의 불호령은
내 작은 간담을 서늘케 했었지
삼십 년 한결같이
교도소 재소자와
청소년의 교화 그리고 그들에게
하얀 가래떡국 끓여 베푼다 하여
백미白米 선사라 불리기도 하던
이름하여 경하 현성* 스님

*청담선사의 상좌로 본명은 박재근, 법명은 현성, 법호는 경하.

제4부 곡속

독도

남과 북도 당신 앞에서는 하나입니다

경상도와 전라도도 당신 앞에서는 하나입니다

강남과 강북도 당신 앞에서는 하나입니다

자본가와 노동자도 당신 앞에서는 하나입니다

당신 앞에서는 우리 모두 하나입니다

바보가 말하기를

2500년 전
자공이 공자님께 한마디 여쭈었다
평생 신봉할 만한 것이 있습니까?
그러자 공자께서 답하기를
서恕일 것이다
배려라는 것이다
자신이 하고 싶지 않는 일은
그 누구에게도 시키지 말라는
배려!

2500년이 지난 오늘
초草가 어느 바보에게 여쭈었다
어떻게 하면 잘 살 수 있습니까?
바보께서 답하기를
"삶과 죽음이 모두 자연의 한 조각 아니겠는가
미안해 하지마라
누구도 원망하지 마라
운명이다"

그날 새벽 미명 속으로
세상 사람들이 바보라고 일컫던
그 사람이
홀연 이승의 닻을 끊어버리자
초草들이
그가 남긴 말씀을 새기며
거리와 광장에서 혹은 골방 속에서
세상에서 가장 옹골찬 울음을
몇날 며칠
쏟아내고 있었다

물에게

태초에 거기 물 한 방울 있었다
말하자면 지상의 모든 게 물로 시작되었다
물이 있어야 생이 있는 것
허나, 물먹고 죽은 목숨 하나 있었지
우리들의 종철이가 물먹고 죽었다
아, 참 억울하게 생을 마감해야 했던
독재의 시절, 그때처럼 우린 또다시
저들이 퍼 안기는 물세례 속에
기어이 살아가야 한단 말인가

물이다, 꽃이다, 피울음이다
내 육신의 칠 할이 물로 채워졌듯이
내 어미의 강바닥에 담긴 물
생명의 그 물을 누가 뒤엎으려 하는가
물이 죽으면 한반도가 죽는다
아니, 아시아가 세계가 지상의 꽃들이
끝내 아사하고 말거다

그러므로 다시 물이다
삼라만상 우주만물이 죄다 물로 시작되었으니
물이야 말로 생과 사의 아우라
우주탄생 조물주의 현현이다
생명이 지수화풍地水火風일 때
내 육신도 지수화풍
우주가 지수화풍일 때
극락도 지수화풍
만인이 손사래 치는 지옥의 대운하를
누가 지금 무슨 꿍꿍이로 파헤치고 있는가

한반도 대운하 천길 강물 속 거기
흐느껴 우는 아기 울음소리 들린다
추워! 아파! 쓰려! 뼈마디가 뒤틀려!
콘크리트 뱃길 속에 돈다발이 팡팡 쏟아진다고?
하나, 난 살고 싶어 나에게 부디
한 잔의 생명수를 다오!
저 어머니 강물 한 자락을!

영원한 우리의 님이시여

어둠이 춤추던 시대의 한복판에서
님은 이 땅의 한반도 민초들에게
고난과 설움의 대명사로
결코 물러설 수 없는
불퇴전의 희망 횃불이었기에
반드시 살아오소서
온갖 험한 꼴 다 겪으시다가
인고의 숭고함을 보여주신
우리 님이시여

님은 제 몸을 한 줌 재로 사르시어
민초들의 마음 밝혀준 등대불이셨네

한반도 외진 끝자락 하의도 후광리에서 태어나
한반도 백두의 끝자락까지 이끌고자 했던
우리 님은 선각자요 위대한 웅변가
고난을 자초한 프로메테우스의 화신
한 시대의 지팡이로 사셨던 님이시여

이제 여기 민초들의 땅거죽 위에
다시 헌걸차게 살아오시려나
미혹의 거리에서 오늘도 서성이는
천지간 불한당 악다구니 아귀들에게
참회와 화해의 날벼락을 안겨주시고
민중의 나침반 되어 나투신
오직 그 한 분
그리운 황토산 같은 님이시여

큰 눈 껌벅이는 당신 모습은
지워지지 않는 우리네 화신
살아생전 인류평화의 현현이셨기에
노벨이라는 평화의 이름으로 오셨던 님이시기에

님이시여, 고난과 인욕의 대명사로
영원히 우리들 가슴속에
넋의 정수리에 메아리처럼 살아 있으시라

오늘은 행동하는 양심으로
그리하여 다시 행동하는 양심으로
살자고 맹세케 했던, 님의 큰 자취여

법정대종사님은 부재중不在中

경인년 3월 11일
법정 대종사大宗師님은 이 사바세계에서 不在中
자유자재한 세계로
훨훨 날아가고 없으십니다

사십여 년 전 신해년 11월15일
당신은 청담 대종사大宗師님 열반 시 총무원에서
스님은 不在中이라고 애도를 표한 적이 있으십니다

당신이 사십여 년 전 말씀하신
그 不在中이라는 말
오늘 당신에게 어울립니다

인생은 본디 무소유無所有임을 보여 주셨고
만 중생들에게 깨우침을 주셨으며
중생은 본래 한 줌의 흙이 되어 땅으로
돌아간다는 진리를 터득케 해주셨습니다

장례식 하지마라
관을 짜지마라
수의도 입히지 마라
한 줌의 사리도 찾지마라

뭇 중생들은 그 말씀 되새기며
저마다 벌판에서 도량에서
不在中이신 당신을
찾으며 애도하고 있습니다
아! 나무석가 모니불
나무석가 모니불
나무시아본사 석가모니불

마라도에서 내 그리움은

그토록 사무친 당신을 현몽하러 여기 왔는가
온 산 온 바다 너머 거기 살가운 목청으로
내 청춘의 비망록 한 장처럼 초가을 첫 비가
나리시더니 오늘 기어이 우리들은 숨 가쁘게
모두들 무슨 작심이라도 한 듯 오늘 이렇게 모여
대한민국 최남단 빛살처럼 든든한 그분 만나려고
한 송이 제비꽃 바람결 따라 허위허위 오셨군요

제도할 중생도 깨침의 화두마저 끝내 보이지 않고
촛불이 사그라진 광장 위로 악머구리 들끓는 세상
인생은 만경창파 짙푸른 혼불만 홀로 반짝인다
때론 감당 못할 블랙홀에 빠진 듯 내남없이 흔들리고
천년을 갈무리해온 그리운 얼굴들만 여기 모였구나

전야 입도직전 악천후로 선상 저마다 두려움 가득 실은
시선들
밤바다 수십 미터 허공을 가르던 파도야
삼킬 듯 세차게 맹수의 발톱처럼 다가와 괴롭히던 파도야

너를 넘어 예서, 네 살 속 언덕 께에 머물고 싶다.
머물면서 당신을 알 듯 하네요
당신 모습 너무 외로워 검은 톳 가슴이 되고
당신과 함께 듣던 풍경소리는 파도에 묻히는데
옛사랑아 살아, 뜨눈 같은 기다림만 펄럭이네요
사랑은 결코 기다림이 아닌 것, 끝없이 당신께
온몸을 다해 움직여 나아가야 해

인생이라 불리는 그 짧고도 긴 여정에서 묵묵히
당신 눈동자에 사로잡힐 때 고독한 혼불 달래며
천년 그리움이 소금처럼 환생한 그날을 맞이하자
그날 혹은 내일마저도 안간힘을 다해 저물도록
널 껴안기 위해 내 기다림 끝내 투명한
멍빛으로 넘실대는 그 순간을 기억하지 않아도 돼
당신 앞에 비로소 아무런 미련과 주저함도 없이
똑바로 곧추선다는 것은 오늘 내 살아 있음의 증거
어둑새벽 밀어 올려 불끈 세상 속으로 치받아 가던
대한민국 제주도 서귀포시 대정읍 마라도 일출
그 뜨겁던 황홀경 앞에 난 지금 서 있음인가

말

말, 말, 말
세상에 말로 망한 사람 많다
옛말에 한마디 말로 천 냥 빚도 갚는다고 했겠다
어떤 선생 군대비하 발언으로 텔레비전 출연금지 당하고
어떤 의원 성적비하 발언으로 탈당 당하고
어떤 의원 노래방에서 기자 껴안은 사건으로 출당 당하고
어떤 군수 계약직 여직원 누드모델 제의했다가 개망신
어떤 시장 약속했다가 지키지 못해 사퇴해야 하는 상황에
어떤 이는 대통령에게 말 잘못하여 이제 막 가자는 거지요, 라는 주의까지
말은 주워 담을 수가 없다
함부로 말하지 말자
말실수는 사람을 사지死地까지 내몰기도 한다
묵언默言이 최고다
그런데 묵언이 어려운 것을 어쩌란 말인가?

곡속觳觫*

이천삼백 년 전
맹자孟子에게
양혜왕梁惠王이 물었다
德이 어떠하면 왕 노릇 할 수 있습니까
맹자 왈
백성을 보호하고 왕 노릇하면 이것을 막을 자가
없을 것입니다

당연히 가능하다고 말씀하시기를
왕께서 당상堂上에 계실 때
흔종**의 풍습에 따라
소가 사지로 끌려가는 데 그 觳觫의
광경을 보고 양으로 바꾸라는 요지의 말은
그것도 仁을 하는 方法이니
소는 보았고 양은 아직 보지 못하였기 때문이라

君子는 금수禽獸에 대하여 산 것을 보고
차마 그 죽는 것을 보지 못하며

죽으면서 애처롭게 울부짖는 소리를 듣고는
차마 그 고기를 먹지 못하고
君子는 푸줏간을 멀리 하는 까닭에
마음을 길러서 仁을 하는 방법을 넓히려고
해서일 것이라고 말했다

이천삼백 년이 지난 오늘
남일당 현장과 쌍용차 공장의 민초들
아름이를 비롯한 수많은 어린싹들
사지로 가면서 눈물 흘리고 울부짖는 가축들
저 곡속의 광경을 보고 오늘날 나라님은 무엇으로
仁을 찾고 있을까
역사 속의 측은지심惻隱之心은 변하지 않았는데…….

*곡속觳觫: 맹자집주 양혜왕편 7장에 나온말로 소가 사지로 끌려갈 때 두려움에 떠는 모습을 말함.

**흔종釁鍾: 새로 종을 주조하여 완성되면 짐승을 잡아 피를 내어서 그 틈을 바르는 것으로. 예전에는 종뿐만 아니라 어떤 기물이든 완성이 되면 피를 칠하였다(禮記)

고백

"죄 없는 사람 묶어놓고
그들이 언제까지 편히 잠자겠나"
정계 떠난 문국현 심경고백
지하철 월간지 표지광고를 본다
진실이란 무엇인가
정의란 무엇인가
고백하는데
고백하는데

분명
"죄 없는 사람 묶어놓고
그들이 언제까지 편히 잠자겠나"
고백하는데

인구蚓蚯

그분은 이름도 많다
인구蚓蚯
곡선曲蟮
지룡地龍
완선蜿蟮
지룡자地龍子
지선地蟺
토룡土龍

그분은 종류도 많다
청지렁이
갯지렁이
실지렁이
산지렁이

이름 지어 불린 것도
아주 오래되었다
이천삼백여 년이 훨씬 넘었다

孟子 曰
蚓蚯라 불렀으니

그분은 탐욕도 없다
청렴하게 살 뿐이다
땅 위의 마른 흙과
땅 아래 누런 샘물과
조금의 모래자갈이면 된다
그것도 다시 땅에 되돌려 준다

그분은 세상과 단절하고 산다
후미지고 어두운 곳
외롭고 쓸쓸하고 습한 곳에서
아무것도 요구함이 없이
스스로 만족할 줄 안다

그분은
아무에게도 피해를 주지 않는다

세상의 날짐승 들짐승 물고기
그리고 인간에게까지
온몸 통째로 줄 뿐이다

그분은 자웅동체雌雄同體의 생물이시다
그분은 보거나 들을 수 없다
그분은 빛과 진동에 민감하며
부패한 생물체를 거절하지 않는다

그분은 몇 겁의 생 살면서
이 우주 법계法界의 살아 있는 생물체들에게
아낌없는 보시布施를 해왔으며 계속 하고 있다
그분은 윤회의 수레바퀴 윤활유 역할을 다하고 있는 것이다
그분에게 박수는 못 보낼지언정
밟지는 말자
지렁이도 밟으면 꿈틀하니까?

*인구蚓蚯 : 孟子 등문공장구滕文公章句 下편10章에 나오는 맹자가 지렁이를 가리켜 하는 말.

제5부 보탕

고부갈등

내게는 삼십 년 전 구입한 라디오가 있다.

구입할 당시엔 그야말로 A급으로 나무랄 것이 없었고 이웃들도 부러워할 정도로 사랑을 받았다. 라디오는 십 년이 지나고 이십 년이 지나도록 별 이상 없이 식구들의 사랑을 받으며 애용되었다.

이십 년이 넘어 사반세기 접어들면서 문제는 시작되었다. 배터리를 자주 갈아야 하고 나사가 마모되어 빠지고 안테나가 구부러지고 세우면 넘어지고 결국은 뚜껑마저 떨어져 나갈 지경이 되었다.

대수술을 단행하기로 했다. 전파사에서 스피커와 안테나도 새로 교체하고 인두를 이용하여 전지판 납 용접도 하고 최신식 배터리에 뚜껑은 강력 접착제로 붙였다.

그러나 라디오는 스마트폰에 떠밀려 식구들에게 외면당하기 일쑤고, 과거 매뉴얼에 빠져 구식에만 채널이 고정되어 있다 보니 식구들에게 차츰 사랑을 잃어갔다. 나는 라디오를 이리저리 만져보기도 하고 볼륨을 조심스레 돌려보기도 하지만 금세 찌직거리며 찢어지는 소리가 나오고 괴 소리에 소름이 끼치기도 한다.

그래도 처음 구입 시 자기명의로 산 것이라며 에둘러 괜찮다고 하는 마누라 덕택에 가족들에게 버림받는 위기를 여러 번 모면했지만, 일방적인 구식 라디오는 가족전체의 이해를 구하는 데는 버거워 보인다. 채널은 고사하고 한 채널만 작동하여 고쳐도 통 고쳐지질 않아 선반 위에 그냥 두어도 고풍은커녕 먼지와 때만 끼어 더욱 난처한 처지에 놓일 때가 한두 번 아니다. 버리자니 아깝고 아! 어쩌란 말이냐! 그 고왔던 라디오를. 미운 정 고운 정 다 들어 도저히 버리지는 못 하겠다.

요즘은 간혹 아쉬운 대로 볼륨을 맞추다 보면 바른 소리를 내기도 하여 매일매일 조심스레 다루면서 애용하고 있다.

내일쯤 가족들 모여 라디오에 관한 가족회의를 해야겠다. 우리 가족 운명으로 살아갈 방법을 찾아야겠다.

아! 불쌍한 우리 집 라디오! 고물 라디오! 사랑해야 하고 사랑해야만 하는 라디오!

보탕*

고향을 찾았습니다
살구나무 돌담 아래
우두커니 서서 사그라지는 하늘
쳐다보고 있었지요
한갓지게 쉬고 있는 당신을
문득 만난 날 그저 난
당신 이름 잠시 잊고
아우님께 저기, 이름이 뭐지?
보탕이잖아요, 보탕
아! 아! 그래 보탕
무릎을 탁, 친다

보탕이시여 당신은
비바람이 몰아치거나
진눈깨비 하얗게 섞어칠 때도
움푹 패인 몸으로
군불용 쏘시기로
생이 마감될 때까지

끝내 도끼날을 피할 수가 없었지요
아! 아! 오늘 난 당신을 본 순간
잊힌 세월 속 당신의 존재를
이제야 알았습니다
생의 바닥 치고서야
나, 당신의 존재를 알았습니다

* 보탕 : 명사로 모탕이라고도 하며 강원, 경상도 일부 지방 방언으로 나무를 패거나 자를 때에 받쳐놓는 나무토막.

울진에서

내 열다섯 살 적 바람이 불어
외로운 그날이었다
푸른 금강송
천연 향기 내뿜으며
우뚝 솟은 울진송이
그 너머 희디흰
대꽃들이 온종일 펄럭이고 있었다

천년 세월 난분분
신라 봉평비 위풍당당 하여라
불영사와 불영계곡
왕피천 소광천 휘돌아 성류굴 수산리
은빛 물결 힘차게 물살 가르며
오르는 은어야
몇 겁의 생 살아 왔더냐

갈매기 훠이훠이
춤추는 망양 월송 앞바다

나, 울진 대게 앞발이 되어
꼿꼿이 일어설 때
그날 대발가 달빛처럼 환한 당신은
서럽도록 아름다운 춤 추어다오

아버지 1

그분은
인생을 그렇게 살았다
물구나무서서
세상을 거꾸로 보는
냉소주의자였다

언제부터인가
인생의 허무를 생각했다

독주를 마시며
일제가 멸망하는 날까지
그렇게 살았을 것이다

파푸아뉴기니 뉴브리턴 섬
라바울에서
뱀이며 짐승이며
생존을 위해 인육도
경험했다고 분명 말했다

그분이 바라본 섬 앞바다는
굉음과 태풍의 눈만 있었고
잔잔한 바다 그 앞에는
고향의 그리움으로
날이면 날마다 눈물로 파도를 일으켜
흐느꼈을 것이다

조부의 근심어린 눈초리를 연상하며
밤을 지새우는 어느 새벽녘
적군의 포화 속에서
고향의 냄새 그리워
피를 토하며 울부짖었을 것이다

산다는 건, 고해요
고해를 알고부터 독주는 시작되었을 터
삶과 죽음의 소용돌이 속에서
물구나무서기를 했을 것이다

아! 그분은, 그분은

침략자의 강압으로

가지 말아야 할 곳을 가고 보니

천지가 암흑이라 꿈은 싸늘한 서릿발이

되어 하늘로 높이 날고 있었다

아버지 2

사진 속 얼굴이 울고 있다
저 얼굴은 유명을 달리한 지
십수 년이 되었다
평생을 울다 간 사람
평생을 독주와 살다 간 사람
평생을 바보처럼 살다 간 사람
담벼락에 나뒹구는 빈 병과
보일러실로 둔갑한 뒤주
허물어져 가는 기와집
방치되어 땅속 묻힌 우물
늙은 밤나무
해 건너 열매 무척 많이 열리는 뒤뜰 살구나무
저 건너 큰 평지 텅 빈 들판 농장엔
개망초 이리저리
몸체 흔들어 울고 있다
사진 속 그분이 울고만 있다
아니, 내가 운다
내가 술을 푸며 그분이 되어 울고 있다

콩글리시

망망한 대서양 아메리칸
동부 뉴저지 앞바다 롱비치
오늘도 블랙피쉬 가오리 잡으러 낚시질 간다

추를 잡아 저 멀리 대서양을
향하여 던진다

지렁이 바닥나
가게로 간다
손짓 발짓 다해보지만
지렁이와 다를 바 없다

지렁이와 추와 바늘과 나는
멀리 대서양 바라보며
낚싯줄을 힘차게 던진다

나는 지렁이가 되었다

아틀란틱 시티

고층 건물마다
가난한 주머니를 노리는 도둑들 군락을 이루고 있다

내 주머니 사정과 별반 다를 게 없을 것 같은 군상들 서성이고 있다
주머니 속의 달러를 칩과 교환해서 블랙잭 코너 앞에 앉는다
난생처음이다

300달러를 25불짜리 칩으로 교환한다
각국 대표 레이스는 시작되고

칩을 하나 올려놓았다
J가 앞에 떨어지고 A가 떨어졌다
블랙잭이다 연속이다
주위에서 오! 예스 환호성이다

선배가 허리춤을 슬그머니 잡아당긴다

뜨자는 눈치다
환전을 하니 1000달러다

마트에 들러
침대 냉장고 텔레비전을 샀다
운수 좋은 날이다
그날 이후
나는 그곳에 가고 싶은 생각에
잠 못 이루는 밤 여러 번 있었다

삼근리三斤理

날아온 돌 달아보니 삼 킬로그램
하여 이름 붙여진 삼근리
울진군 서면 소재지

왕이 피난하여 이름 붙여진
왕피리 가는 길목
굽이굽이 벼랑 끝 낭떠러지 이룬 불영계곡
주석광산 박달재고개
벌목 실은 재무시 황토먼지
일으키며 36번 신작로 분주히 달렸지

동으로 광천이 흘러 동해 큰 물결 부닥친다
서쪽엔 통고산
남쪽엔 성지골 혹은 왕피리
북으로 탄광보

동네 끝자락 사랑바위는
천년을 두고

벼랑 끝 사랑을 속삭이며
오고가는 수많은 사람들에게
사랑 가득 담아 실어 보냈다

사랑바위

내 어릴 적
새터 모래이 절벽 난간
천년을 한결같이 한 몸 되어
우뚝 서 있는 너의 형상을 보고
우리는 키스바위라 불렀다

거센 비바람 혹독히 불어와
벼랑 끝 천년사랑 시기하던 날
암벽 사이 듬숭듬숭 금강송
병풍 되어 너를 감쌀 때
절벽 아래 흐르는 냇물 위
붉게 물든 낙엽에 사랑 실어 띄우던
머언 먼 동해물결 넘실넘실 춤추는
사랑이어라

36번 국도변 단상에 올라
소리 높여 외친다
벼랑 끝 사랑이여

푸른 솔 사랑이여
변치 않은 사랑이여
그대 이름은 사랑바위

■ 해설

연꽃을 구하는 마음

방민호
(문학평론가 · 서울대학교 국어국문학과 교수)

1

오탁에 물든 이 분주한 세상에서 아름다운 모습을 잃어버리지 않는다는 것은 얼마나 어려운 일인가. 그러나 나는 연꽃처럼, 좀처럼 죄에 물들지 않는 이를 하나 알고 있으니, 그가 바로 방남수라는 사람이다.

그러나 시인으로서 그를 잘 아는 사람은 그리 많지 않다. 시인 방남수. 어떤 사람인가? 그는 울진 사람으로, 화남출판사를 운영하고 있고, 『여성불교』를 편집하고 있고, 불교대학원에 다니면서 청담선사를 연구하고 있다. 이러한 그의 삶에서 불교가 차지하는 비중은 매우 크다. 아니, 그를 알면

알수록 그의 삶에 불연佛緣이 깊음을 느끼지 않을 수 없다.

그의 이력을 보면 1974년부터 1982년까지 조계종 도선사에 입산해 있었던 것으로 나타난다. 한마디로 말해 그는 승려였고 지금은 세속인으로 돌아와 있다. 하지만, 내가 그를 알고 지낸 십 년 세월 동안 그는 한결같이 순수한 마음을 버리지 못하는 사람이었다. 비록 몸은 세속에서 살아가되 그 가치의식만큼은 불교적인 사랑과 무욕에 두고자 하는 사람. 방남수 시인은 그런 사람이다.

2

시집을 살펴보면 방남수 시인에게 청담선사는 늘 마음 한가운데 모셔두고자 하는 스승으로 나타난다. 방남수 시인과 청담선사의 이 깊은 인연을 생각하면서, 나는 저 옛날 일제강점기에 이광수에게 『법화경』을 강론해 주던 청담선사의 모습을 떠올려 본다.

당시에 저 봉선사에 운허대사 이학수라는 분이 계셨다. 그는 이광수의 삼종제(8촌)였다. 그런데 그 무렵 아직 불교에 능통하지 못한 이광수가 『법화경』을 번역하겠노라고 하자, 그는 올연선사에게 부탁해서 이광수를 가르치도록 한다. 이 올연선사란 바로 청담선사의 다른 이름이다. 그때 이광수는 서울 세검정에 별장을 짓고 혼자 살고 있었다.

운허 이학수는 독립운동가이자 불경 국역에 일생을 바친 학승이다. 이 운허대사와 올연선사는 나이가 열 살이나 차이가 났다. 올연이 운허보다 십 년 젊었다. 하지만 두 분은 그 일제 때 일본식 불교에 침윤되지 않은 새로운 길을 함께 열어 나갔다. 이때 그들은 나이 차이를 초월한 굳센 동지였다.

또한 나는 해방이 된 후 운허와 청담이 걸어간 길에 깊은 감동을 느낀다. 한 분은 불경 국역에 전신을 바치고, 다른 한 분은 정화의 불길로 한국현대불교의 새 장을 열어젖혔다. 이 청담선사의 실천행이 도선사에 입산했던 방남수 시인에까지 큰 울림이 되어 있음은 한 사람의 삶이 지닌 의미를 새롭게 보도록 한다.

3

이렇듯 불교 공부를 하고 있는 방남수 시인에게 시란 무엇일까? 왜 그는 시를 쓰려 하는 것일까? 이를 위한 단서를 이 시집에 실린 한 편의 시에서 엿볼 수 있다. 그것은 「여적餘滴」이라는 제목의 시다.

해 저문 능선에 홀로 올라
풀벌레 울음소리 듣는다
울음이 밥풀 되어
몸에 끈적끈적 달라붙는다
평행선을 긋는
욕망과 해탈의 이중주

연꽃은 언제쯤 피어날 텐가

— 「여적餘滴」 전문

산을 좋아하는 그답게, 이 시의 화자는 산에 홀로 올라 있다. 저물녘에 홀로 산에 올라 풀벌레 울음소리를 듣고 있다. 참 기막힌 표현이, "울음이 밥풀 되어 / 몸에 끈적끈적 달라붙는다"고 한 것이다. 이 풀벌레 울음소리란 정말 단순히 풀벌레 울음소리인 것일까? 그렇다면 그 뒤의 전개를 요령껏 설명할 수 없다. 몸에 달라붙는 울음소리, 밥풀처럼 끈적끈적 내게 달라붙어 떨어지지 않는 울음소리. 이 울음소리의 끈질긴 속성에서 화자는 "욕망"의 속성을 발견한다. 풀벌레 울음소리와 "욕망"은 그 몸에 와 달라붙는 끈적끈적한 감촉에서, 달라붙어 쉽게 떨어지지 않는 집요함에서 그 속성이 같다. 이 시의 화자는 풀벌레 울음소리처럼 자신의 몸에 달라붙어 쉽게 떨어지지 않는 욕망의 존재를 절감한다. 화자는 "욕망"에서 벗어나 자유롭고자 하나 "해탈"의 길은 멀고도 멀다. "연꽃은 언제쯤 피어날 텐가". "연꽃"이란 금강석처럼 굳세게 빛나는 진리의 인식이다. 화자는 자신의 몸에 달라붙은 "욕망"의 존재를 절감하면서 "연꽃"이 피어나는 날을 그리워한다. 시적 화자가 아직 찾아오지 않은 "해탈"에 대한 그리움, 향수 속에 놓여 있을 때, 이때만큼은 자신을 괴롭히는 "욕망"으로부터 상대적인 거리를 확보하고 그 자신을 정관할 수 있는 상태에 진입할 수 있을 것이다.

그렇다면 방남수 시인에게 시란 바로 그와 같은 것이 아닐까. 시를 씀으로써 자신과, 자신의 욕망과, 아직 찾아오지 않은 "연꽃"의 날을 성찰함으로써, 그러한 영혼의 시적 상태 속에서, 현실의 복잡다단한 번뇌로부터 놓여나는 것. 이 놓여남이 더 커질수록 시인의 영혼의 자유의 공간이 더 많이 확장되어 갈 것이다. 요컨대 그에게 시란 존재론적 성찰과 자유의 확장을 위한 수행적 방법론이다. 이 시집에는 이를 입증하는 많은 시들이 수록되어 있다.

4

내가 아는 방남수 시인은 천성이 순수하고 투명해서 시인으로서의 천품을 타고 난 사람이다. 사람과 만나 대화를 나눌 때도 마음속에 있는 마음을 숨기거나 다른 말로 가리지 못한다. 타인들과의 관계에서 가급적 대립을 피하고 선의의 화합을 추구하며 모든 상황을 가능한 한 호의적으로 받아들인다. 이 시집에는 이러한 천성으로부터 솟아나, 불교적인 세계인식에 바탕을 두면서 마치 수채화를 보는 듯한 느낌을 불러일으키는 깨끗한 이미지의 시들이 많다. 다음에 인용하는 「산속 절」은 그 하나의 예다.

경내 자욱한 독경소리에
불두화 수줍게 피어난다

낮 동안 그늘을 쓸던
바람마저 시나브로 잦아들고

잘 익은 적막
산속 절을 감싸는 저녁

약수터 오르는 군상들
한 움큼 물로 번뇌를 씻는다

—「산속 절」 전문

이 시는 산속 절 저녁 정경을, 각 연 2행씩, 모두 4연의 안정감 있는 시적 형태에 실어 표현한 것이다. 이 시에서 불두화가 피어 있는 경내의 모습, 독경소리가 가신 뒤 산사의 고요, 텅 빈 적막 속으로 들어온 약수터 가는 사람들의 조촐한 모습 등이 절제된 언어에 실려 깨끗한 시각적 이미지를 얻고 있다. 다음의「합장」 역시 정결한 시각적 이미지가 아주 잘 드러나는 시라고 할 것이다.

귀의의 문을 연다

서쪽 탑으로 넘치는 햇살

마음의 문 열고

촛불 밝혀

향 사르면

비로소 번지는 염화미소

당신 몸속에 부처가 있다

—「합장」 전문

앞에서 인용했던 「산속 절」이 마치 박목월의 「청노루」나 「산도화」가 구현한 바 있는 정적 세계의 아름다움을 다시 보여주는 듯한 인상을 준다면, 이번에 인용한 「합장」은 불전에 들어가 촛불을 밝히는 '구도자'의 행동거지 하나하나를, 각 연 1행의 '동중정動中靜'의 미학의 수준으로 끌어올렸다. 이 시에서 각각의 행동은 1행 1연의 배후에 둘러쳐진 여백으로부터 심미적인 아름다움을 빨아들이면서 읽는 이들로 하여금 자신도 모르게 화사한 선의 세계로 이월해 가도록 한다.

이러한 맥락에서 「나비」는 시인의 시선에 포착된 사물들의 세계를 시각적 이미지의 차원에서 가장 선명하고도 아름답게 포착한 시의 하나라고 할 것이다.

어디서 와서
어디로 가는가

산 너머 동네에는
무슨 꽃이 피었던가

넘어오는 능선에 서 계신
마애불은 무어라 하시던가

그 앞에 절하는 이는 누구던가
계곡에는 샘물이 흐르던가

물어도 아랑곳 하지 않고
하늘하늘 땅에 실루엣만 남기며

능선을 넘어가는
객승이여

—「나비」 전문

이 시에서 시인은 화자의 눈에 비친 '나비' 를 한 곳에 머물러 있지 않고 이곳에서 저곳으로, 저곳에서 또 다른 곳으로 자유롭게 떠돌아다니는 '객승' 의 이미지로 '정확하게'

포착한다. 이 '정확함' 은 사실은 대상의 시각적 형태의 유사성에 기인하는 것이 아니라 대상이 함축하고 있는 상징적 의미 맥락의 유사성에서 기인하는 것이다. 그럼에도 이 시는 그러한 관념적 의미 맥락에 고착되지 않는 가벼움과 투명함을 충분히 누리고 있는 듯하다. 이 시의 독자들은 하늘하늘 낮은 허공을 움직여 나가는 나비의 모습에서 아스라이 능선을 넘어가는 발 없는 객승 같은 이미지를 능히 떠올려 볼 수 있을 것이다.

5

그러면 시인의 순수하고도 투명한 시선이 앞의 장에서 다룬 자연 및 종교적 성찰의 공간에서 빠져나와 세속적 생활세계와 접촉하게 되면 어떤 양상이 빚어질까?

「고드름」과 같은 시를 하나의 예로 들어 생각해 볼 수 있을 것이다. 고드름은 본디 겨울에 처마 끝에 매달리게 되는 순수 자연 현상의 하나지만 이 시인의 「고드름」에서는 단순한 자연현상의 경지에서 떠나 삶을 대하는 태도를 한결 무겁게 성찰하도록 하는 매개체 노릇을 한다.

한겨울 추위 속에서만

이빨 세우는 놈들

어둠 속에서 으르렁대는 놈들

아침 햇살 떠오르면

자취도 없이 사라지는 놈들

저 혼자 허공을 찌른다

—「고드름」 전문

위의 시에서 '고드름' 은 부정적인 의미를 함축한 물상으로 나타난다. '고드름' 은 추위 속에서만 이빨을 세울 줄 아는 짐승 같은 존재다. 그것은 마치 어둠 속에서나 으르렁거리는 것과도 같다. 이때 "한겨울 추위" 나 "어둠 속" 같은 시어는 단순히 자연 현상의 의미에 머무르지 않는다. 그것은 마치 우리가 "춘래불사춘春來不似春" 이라고 말할 때와 같이 어떤 시대적 특성을 가리키는 시어가 된다. 그것은 사람들이 자유롭게 살지 못하고, 자기 의사를 떳떳하게 표명하지 못하는, 부정적인 힘이 지배하는 시대를 가리키고 있다. 이러한 시대에 '고드름' 은 "이빨" 을 세우고 "으르렁" 댄다. 우리는 지나간 긴 세월 동안 그런 존재들을 숱하게 보아 왔다. 또 어쩌면 지금도 바야흐로 목도하며 살아가고 있는지도 모른다. 이 시의 화자는 그런 존재들을 가리켜 덧없는 존재, "아침 햇살 떠오르면 / 자취도 없이 사라지는 놈들" 이라고

경멸해마지 않는다. 그것은 마치 이육사의 시 「절정」의 마지막 한 행, "겨울은 강철로 된 무지갠가 보다"가 전달하고자 하는 부정적 힘의 덧없음을 새로운 언어로 표현한 것처럼 보이기도 한다.

더욱 흥미로운 것은 이 시의 마지막 한 행, "저 혼자 허공을 찌른다"라는 시구다. 이 행에서 시적 화자의 목소리는 돌연 선禪적인 역설 양상을 띤다. 화자는 고드름의 끝 뾰족한 모습에서 칼과 같이 남을 해하는 도구를 연상한다. 그러나 시적 화자는 이처럼 타인을 해하는 도구가 남을 해할 수 있으려면, 반드시 그 해 입을 사람이 이 위험한 도구의 행위 앞에 나서야 한다는 것을 알고 있다. 제 아무리 고드름이 남을 해하려 해도 이 남이 고드름 앞에 나서지 않는 한 그를 해할 재주를 고드름은 가지고 있지 않다. 시적 화자는 이렇듯 누구도 고드름의 행악 앞에 나서지 않고 그 행악을 받아들이지 않는 상황을 상상한다. 이런 상황에서라면 고드름의 행악은 오로지 허공을 찌를 뿐인 덧없는 짓이 된다. 욕설이 효과를 보려면 욕설을 듣고 마음이 상하는 사람이 앞에 있어야 하는 것과 이치가 같다. 그렇다면 이 시에서 시인은 악의 존재 조건을 사유하면서 이러한 행악으로부터 자신을 지키는 이치에 대해서 말하고 있다고 할 수도 있을 것이다.

한편으로 「오징어」와 같은 시는 우리들 속인들의 어리석은 삶을 떠올리게 한다.

동해바다 오징어 배 출렁출렁

즐겁게 춤추는 어부들

화려한 불꽃 선단에 올라

물총을 쏘며 파도를 탄다

아! 불빛에 눈 먼 오징어여!

수족관 속에 갇힌 신세여!

욕망의 그물에 갇혀

수인이 된 너여, 나여

—「오징어」 전문

이 시에서 시적 화자는 삶의 활기를 가진 어부들과 그들에게 사로잡히게 되는 오징어를 대비시킨다. 오징어잡이 배의 불빛에 현혹되어 끝내 끌어올려지는 오징어를 보면서 시적 화자는 어리석은 사람들의 삶의 모습을 떠올린다. "욕망의 그물에 갇혀 / 수인이 된 너여, 나여"라는 시구는 이 어리석음이 비단 누구누구의 것이 아닌, 사람들 모두의 것임을 드러낸다. “욕망”은 사람들을 저 바다의 활력으로부터 낚아채 올려져 “수족관에 갇힌 신세”처럼 부자유스럽게 만든다. 그렇다면 이렇게 “욕망”에 눈이 먼 오징어들을 낚아 올리는 “어부들”은 어떤 존재를 의미하는 것일까? 이 “어부들”은 어쩌면 의인화된 기호로 나타나는 삶의 이법 같은 것인지도 모른다. 삶의 보편적 이법은 “욕망”에 의해 맹목화된 인간 존재들의 어리석은 행위를 정죄하고 걸러내면서 자신의 세계를 유지, 보존해 나가는지도 모른다.

6

이렇게 순수하고 투명한 방남수 시인의 시선은 어떤 시들에서는 인생에 대한 깊은 통찰력을 드러낸다. 이런 시를 접하는 이들은 한순간 그에게 한 주먹 얻어맞은 것 같은 ‘무거운’ 감동을 느끼게 될 수도 있다. 여기서 하나 예를 들어 「어깨론」이라는 제목을 가진 시를 한 번 같이 읽어 보도록 하자.

> 그의 어깨는 많은 과거를 담고 있다
> 책보를 메고 책가방을 메고 지게를 메고 풀을 메고
> 따블백을 메고 배낭을 메고 서류 가방을 메고
> 어깨 위 수많은 물건 메고 오는 동안
> 홈이 패고 뼈가 솟아올랐다
> 평형을 잃고 왼쪽보다는 오른쪽 어깨가 더 많이

기울고 쳐져 있다
누군가의 어깨를 주물러 준다는 것은
그가 감내해온 생활의
경직을 풀어준다는 것,
여기 무거운 이력을 지닌 한 권의 두꺼운 책이
가파른 시간의 언덕을 숨차게 오르고 있다

— 「어깨론」 전문

이 시에서 시적 화자의 시선은 오로지 "그의 어깨"를 향한다. 여기 등장하는 '그'가 누군지는 정확히 알 수 없다. 다만 우리는 '그'가 살아온 역사를 통해 '그'에 관해 짐작해 볼 수 있을 뿐이다. 그는 시골 태생이고, 농사일 등의 집안일을 도우면서 학교에 다녔고, 학교를 나와서는 생활 현장 속에서 숱하게 일을 하며 긴 세월을 보냈다. 이 사람을 향한 시적 화자의 시선은 아주 날카로워서, 그는 이 사람의 어깨에 홈이 파이고 뼈가 솟아오른 것을 볼 줄 알며, 양 어깨의 평형이 깨져 왼쪽 어깨보다는 오른쪽 어깨가 더 많이 기울고 쳐졌다는 것까지 본다.

이처럼 날카로운 관찰을 바탕으로 시적 화자는 이 어깨의 존재가 의미하는 삶에 대한 통찰로 나아간다. 그는 말한다. "누군가의 어깨를 주물러 준다는 것은 / 그가 감내해 온 생활의 / 경직을 풀어준다는 것"이라고. 누군가의 어깨를 주물러주는 것은 단지 육체의 피로를 풀어주는 게 아니라 그 사람이 감당해 온 삶의 무게를, 그 삶의 경직을 풀어주는 것이다! 그 다음 구절은 또 얼마나 멋진 상상력의 이월인지. "여기 무거운 이력을 지닌 한 권의 두꺼운 책" 이란 무엇을 말하는가? 이것은 물론 그 어깨를 지닌 사람, 자신이 살아온 세월의 내력을 어깨에 담고 있는 그 사람, 그래서 그 어깨를 보는 사람으로 하여금 공부를 하듯, 책을 읽듯, 그의 인생을 짚어보도록 하는 사람을 말하는 것이리라.

지금 이 "어깨"가, "한 권의 두꺼운 책이", 이 환유적 깨우침의 존재가, "가파른 시간의 언덕을 숨차게 오르고 있다." 그의 생애의 한 국면을 힘겹게 통과하고 있다. 아, 이 사람, 이 "어깨"는 지금 어깨에 무거운 짐을 짊어지고 있는 어떤 일꾼 같은 사람인가? 이 시의 화자는 자신이 본 한 인상 깊은 장면으로부터 그 장면의 주인공의 삶의 내력들을 상상적으로 구성하는 힘을 보여준다. 이것은 물론 방남수 시인 자신의 능력일 것이다.

한편으로, 나는 「보탕」과 같은 시에서도 「어깨론」에서와 같은 감동을 선사하는 통찰적 시선을 발견하게 된다.

> 고향을 찾았습니다
> 살구나무 돌담 아래
> 우두커니 서서 사그라지는 하늘
> 쳐다보고 있었지요
> 한갓지게 쉬고 있는 당신을

문득 만난 날 그저 난
당신 이름 잠시 잊고
아우님께 저기, 이름이 뭐지?
보탕이잖아요, 보탕
아! 아! 그래 보탕
무릎을 탁, 친다

보탕이시여 당신은
비바람이 몰아치거나
진눈깨비 하얗게 섞어칠 때도
움푹 패인 몸으로
군불용 쏘시기로
생이 마감될 때까지
끝내 도끼날을 피할 수가 없었지요
아! 아! 오늘 난 당신을 본 순간
잊힌 세월 속 당신의 존재를
이제야 알았습니다
생의 바닥 치고서야
나, 당신의 존재를 알았습니다

—「보탕」 전문

여기 나오는 '보탕' 이란 "나무를 패거나 자를 때에 받쳐 놓는 나무토막" 을 가리키는 말이다. 오랜만에 고향을 찾은 시적 화자의 눈에 들어온 이름 잊어버린 물건 하나. 늘 보았건만 그 이름을 잊어버린 그것의 이름은 "보탕". 타고나기를 그렇게 쓰이도록 타고났기에 늘 도끼날을 피할 수 없었던 "보탕"의 운명. 시적 화자는 이 "보탕"을 보며 "생의 바닥"을 친 자신의 삶을 느낀다. 자신의 삶이 "생의 바닥"을 치고서야 다시 잊었던 "보탕"의 존재를 깨닫게 되었다는 것, 이것은 생의 나락에 떨어져 있는 가난하고 병든 자만이 삶의 이치를 꿰뚫어볼 수 있음을 의미한다.

7

나는 방남수 시인에게 왜 산에서 내려왔느냐고 자세히 묻지 않았다. 드문드문 세월을 가로지르며 주워듣게 된 그의 일생에 따르면 그는 불문에서 무척 우여곡절이 많았던 것 같다. 어떤 일 때문인지 모르지만 그는 미국에까지 가서 지내보기도 했고, 끝내 세속으로 나와 늦게 대학에 다니고 어깨에 서류가방을 매고 회사 일을 하기도 했다.

이 시집은 그의 삶의 여러 국면들을 각기 여러 각도로 조명해 주는 시들을 수록하고 있다. 이 중에는 그 자신이 구도의 길에서 만난, 지고의 경지에 오른 선사들, 정다운 사형사제 사숙들, 그들의 가르침들을 노래한 것도 있다. 그런가 하면 그리운 고향의 산야와 식구들, 특히 아버지, 그리고 멀리 떠나서 유배된 사람처럼 살아가야 했던 때의 나날들, 허무하게 지나간 시간들을 기록하듯 노래한 것도 있다.

이 시집은 이처럼 그의 삶을 만들어온 숱한 들끓는 사연들을 다채롭게 수록하고 있다. 그는 구도자였고 지금도 부처의 가르침을 잊지 않으려 애쓰는, '타락한' 재가승과 같은 면모를 가진 시인이다. 이러한 방남수 시인의 시집을 몇 차례에 걸쳐 읽어나가며 점점 더 분명해진 것은 그가 얼마나 삶의 활기 그 자체를 사랑하는 사람이었던가 하는 것이다. 그는 바다의 활기를 사랑하며 시장의 뜨거운 입김을 사랑한다. 그런 그에게 정결한 도량은 어쩌면 감당하기 어려운 정적이었는지도 모른다. 그럼에도 그는 그 자신이 청춘을 바친 도선사와, 도반들, 고매한 선사들의 모습을 잊지 않고 자신의 삶의 길을 삼으려 한다. 이 시집은 그러한, 갸륵하면서도 고독한 마음 수련의 기록이기도 하다.

나는 이 시집을 통해서 그의 시가 얼마나 순수하고 투명한지, 그의 어법이나 수사법이 얼마나 다채로운지, 그러면서 그의 시는 또 얼마나 진중해질 수 있는지 알아볼 수 있었다. 그는 탄식하는가 하면 찬사를 던지고 야유를 보내는가 하면 참다운 슬픔에 잠겨버린다. 시집에 나타난 시인의 감성의 진폭은 얼마나 넓고 또 활달한가. 이 모든 것이 이 시인을 더 화창한 시의 세계로 떠밀어 올릴 것이다. 그때 그의 생의 감각과 불교는 과연 독자들에게 어떤 모습으로, 어떻게 다가갈 것인가. 궁금하고 기대되는 일이라 하지 않을 수 없다.

■ 발문

분별이 없어진 무위심

유성호
(문학평론가 · 한양대 국어국문학과 교수)

방남수의 첫 시집에는 승속僧俗을 넘나들며 살아온 지난 시절의 아프고도 절절한, 그리고 침묵 너머의 침묵으로 발화하는 남다른 성장통(痛)이 아련하게 스며 있다. 그 안에는 "열다섯 살 적 바람"(「울진에서」)의 펄럭임과 "두 손을 모아도 채워지지 않았던 허기"(「쌍계사에서」)의 젊은 날을 지나, "하심下心만이 찾을 수 있는 자유自由"(「순간」)에 이르기까지의 눈물겨운 삶의 서사가 선연하게 녹아 있다. 그렇게 "범종소리처럼 은은하게/동심원을 그리며 번져가는"(「봄 향기」) 그의 시편들은 "무거운 이력을 지닌 한 권의 두꺼운 책"(「어깨론」)에 실려, 성속일여聖俗一如의 처연한 감각과 사유를 우리에게 환하게 보여준다. "완전

한 소멸은 없는 것"(「낙엽」)이라는 그의 믿음에 기대어, 우리는 경계가 지워지고 분별이 없어진 무위심無爲心으로 그의 시편들이 우리 마음속에 남을 것임을 믿는다. 그러니 진공묘유眞空妙有의 빛을 최적 언어로 담아낸 그의 시집을 두고 우리가 "어찌 숙연할 수 없으랴"(「이끼」). 요동치 않는 항심恒心에 그 옛적 초심初心까지 실어 펴내는 이 만산晩産의 시집이 그렇게 밝고도 은은한 역동성으로 출렁이고 있다.

■ 발문

남몰래 시의 숲을 가꾸고 있었다

김영현
(철학가 · 시인 · 소설가)

사람은 오래 보아도 그 진면목은 모르는 경우가 허다하다. 방남수의 시를 보면서 나는 새삼 부끄러움을 느낀다. 시의 거울에 비친 그는 내가 늘 일상적으로, 그저 인사동 부근 어디에선가 한 끼 밥이나 나누고 한잔 술이나 나누었던 그가 아니다. 「쌍계사에서」 「안개에 묻혀」 「윤회」에 나타난 그는 너무나 낯설기까지 하다. 그의 외로움, 그의 높음에 내내 가슴이 헛헛해진다. 그렇다! 그는 내가 알지 못하는 또 하나의 그가 있어 이토록 정결한 언어로 남몰래 시의 숲을 가꾸고 있었던 것이다. 그리하여 시장 바닥의 남루한 삶에서 수행승의 깊고 높은 마음까지 시의 몸을 빌려 풀어놓고 있었던 것이다. 언어의 현란함에 물들지 아니하고, 시의 수식에 흔들리지 않으면서도 이렇게 아름다운 노래를 할 수 있는 것은 방남수만이 지닌 겸손과 그 세월의 힘이리라.

■ 발문

'삼각산 부왕동 암문 8부 능선' 바위에서 다시 만나요

이진명
(시인)

시인의 앞부분 시편을 읽어가던 중, 「이끼」에 이르더니 무슨 깨달음의 일구一句처럼 3행째의 '삼각산 부왕동 암문 8부 능선'이 탁 와 꽂힌다. 뭐지, 이 말? 이 암호 같은 구절이 하필 왜? 몇 초쯤의 빈 시간이 흘러 곧 미소 지으며 알아냈다. 우리는 삼각산 부왕동 암문 8부 능선을 어느 추운 겨울에 같이 타오른 적이 있었다는 것을. 그때 일행이 넷이었던가. 나는 부왕동 암문 코스가 처음이었고, 그런데 그만 반해버렸고, 당연히 몇 번이고 또 올 줄 알았는데 부왕동 암문은 그 한번으로 그만 끝이 되고 말았다. 북한산 이곳저곳을 수없이는 아니고 여러 차례 같이 밟고 느

꼈으니 방남수 시인은 그러니까 산 친구인 셈이다. 사적 만남이 없이 산을 나눴으니 산 친구 맞다. 그런데 그게 또 2년 동안을 산행 못(안)하고 있으니 과거의 산 친구로 끝나려는가 싶었다. 작년에는 몇 걸음 걸으면 닿을 이웃의 새 아파트로 이사와 명실공히 이웃이 되었는데 산행의 재개는 없었다. 사는 일에 다 사정과 핑계가 없을 수 없으니 이해심을 발휘하고 있는데 뜻밖에 첫 시집 출간에 발문 부탁을 받게 됐다. 이런 발문 부탁을 난생처음 받아, 난생처음 써보는 글이니 발문이 될지 뭐가 될지 정말 자신 없고 어렵다. 2년 전에 시집을 낼 것이라는 말을 들은 것 같은데, 그 시 원고를 2년 동안이나 붙잡고 있었고 게다가 박사공부까지 하느라 정말 산행 갈 시간 없었겠구나, 통화하며 흔쾌히 받아들였다.

시집제목이 『보탕』이다. 나는 이 말이 무슨 말인지 몰랐다. 시의 주註를 보고 알긴 했지만, '모탕' 이라고도 말한다는 이 시에 대해서 나는 약간의 변명할 사정이 있다. 작년에 나는 어떤 지면에 이 '모탕' (당시 문예지 발표에서는 제목이「모탕」이었다)이라는 시에 대해 짧은 글을 쓰려고 접어놓고 여러 날 끙끙댄 적이 있었다. 그렇게 하다 편히 써지지가 않아서 못쓰고 말았다. 이 사정에 대해 곧 산에서 만나게 될 터이니 그때 이해를 구해야지 하다가 산행은 이어지지 않았고 전화도 차일피일 미루다 얘기 못

건넨 채 2년이 후루룩 흘러버렸다. 그는 불교공부도 깊은 사람이니 내가 쓴다고 하고 쓰지 못한 것에 꽁하지 않고, 너른 마음으로 잘 받아들여 내 마음 편하게 해줄 것임을 믿는다는 말, 전하지 못한 것을 이기심이라도 할지라도 이 자리를 빌려 전하고 싶다. 시집제목이 『보탕』인 것을 다시 보니 이 말이 더 하고파졌다.

나는 1970년대 초 고등학교 내내 불교반 활동을 했다. 당시 불교의 청소년포교는 황무지였다. 하지만 불교반 지도선생님의 열성에 힘입어 우리는 주말마다 서울 인근 사찰 야외법회 순례를 했다. 삼각산 도선사에도 몇 차례 갔다. 그때 방남수 시인은 도선사로 출가한 십 대의 도선사 스님이었다니. 참말 할 말을 잃는다. 그 무렵 시인과 나는 도선사에서 마주쳤을지도 모른다. 주말에 야외법회 나온 우리 여학생들의 법회를 곁에서 도와준 어린 학생 스님이었을지도 모른다. 또 당시 주지이셨던 혜성 스님과 시흥에 있는 혜명보육원 방문을 정기적으로 가지며 법회를 했는데 그때 시인이 혹 시자로서 혜성 스님을 모시고 오갔을지도 모를 일이다.

이번 시집에는 첫 시집이니만큼 그때의 순연했던 시절의 서정과 마음이 많이 펼쳐져 있기도 하고 숨겨져 있기도 하다. 몇 번째의 산행에선가 걸으며 도선사 입산 시절 얘기를 잠깐 듣게 돼 시인에 대한 간단한 옛 정보가 있긴 했었다. 그렇지만 이번 시편들을 읽으며 어렵고 가난한 시절 십 대와 이십 대에 걸친 한 인간의, 한 시인의 원적原籍과 다름없는 승려생활 체험의 원음原音을 들을 수 있었던 점은 듣고 싶은 것을 들었을 때처럼 매우 소중했다. 이후 삶의 여정과 이력이 수차례 변신 변화하는 것도 다 자연스러운 일이고 그것이 삶의 길인 것을 숨길 것 없이 성찰하고 보여주고 있어서 시를 따라가면서 모처럼 잘 읽어낸 시집이었다. 그의 은사이신 혜성 스님은 많이 늙으시고 거동을 못하실 정도로 아프시다는 걸 시편에서 알았다. 사십여 년 전 나의 여고 때와 겹쳐지며 이 글을 쓴 대가로 얼굴 모습은 잘 생각이 나지 않지만 거동 못하시는 혜성 스님에게 나를 안내해 삼배라도 올리게 해달라고 부탁하고 싶다.

서둘지 않은 시인의 길에 이제금 늦게 상재한 첫 시집 크게 축하한다. 시집 나오면 부왕동 암문 제일 높은 바위에 올라 도시락 싸온 것 오종종 펼쳐놓고 산행출판기념회를 가졌으면 좋겠다. 짧게 쓰라는 부탁이었지만, 그건 내가 결코 짧게 쓸 줄 모르는 사람이란 걸 그가 미처 몰랐기 때문이다. 모르고 한 사람이 잘못인 것이지 열심을 내서 쓴 내 책임은 없다. 불교에 이런 말 있지 않던가. 알고 한 잘못보다 모르고 한 잘못이 더 큰 죄, 무명無明이라고.

늦여름 풀이 마르기 시작하고, 다시 벌레가 울기 시작하는 가을의 길목이다. 좋은 계절이다.